틴~꿈 십대성경공부 | 새가족 양육교재

새로운 출생,
새로운 삶

이대희 지음 | 바이블미션 편

엔크리스토
ENCHRISTO

인생의 기초를 성경으로 다져라

십대는 두 번 다시 돌아갈 수 없는 인생의 귀한 시기입니다.
앞으로 인생을 살아가는 데 있어 기초를 다지는 시기로, 십대를 어떻게
보내느냐에 따라 인생이 달라집니다.

우리가 사는 세상에는 십대를 유혹하는 잘못된 문화와 가치관들이
너무 많습니다.
세상에 물들지 않고 성경적 가치관과 하나님의 나라를 꿈꾸며 살아갈
수 있는가 하는 것은 모든 십대뿐 아니라 십대를 지도하는 부모와 교사
들이 갖는 중요한 관심사입니다.

십대들을 영원히 지켜 줄 수 있는 것은 오직 말씀입니다.
이 시기에 하나님의 말씀으로 얼마나 무장하느냐에 따라 미래의 삶이
결정됩니다.
성경으로 인생의 기초를 다지는 일은 그 어떤 일보다 중요한 일입니다.

〈틴~꿈 십대성경공부〉 시리즈는 성경 자체를 배우면서 십대의 삶을

가꾸는 내용으로 구성되었습니다. 일차적으로 성경개관을 통해 성경 전체의 맥을 잡고, 그 다음으로 구약성경책과 신약성경책을 통해 십대에 관계된 성경의 각 권을 선택하여 공부하도록 했습니다.

자매 시리즈인 〈아름다운 십대성경공부〉 시리즈와 함께 연결하여 사용하면 균형 있는 교과과정이 됩니다.

아무쪼록 이 성경공부 교재를 통해 성경적 비전을 품고 말씀과 일치를 이루는 하나님의 사람으로 자라나길 기도합니다.

오직 주님께 영광을….

이대희

틴~꿈 십대성경공부 시리즈 교재의 특성

1_ 십대들이 꼭 알아야 할 핵심내용과 성경적인 가치관과 세계관을 정립하는 성경공부입니다.

2_ 귀납적 형태를 띤 이야기대화식으로 탐구능력을 키우고 생각을 점차 열리게 하는 흥미로운 성경공부입니다.

3_ 자유로운 토의와 열린 대화를 활발하게 하는 소그룹에 적합한 성경공부입니다.

4_ 영적 사고력과 해석력, 분별력을 키우면서 스스로 적용능력을 점차 극대화시켜 주는 성경공부입니다.

5_ 본문 중심 성경공부로, 성경이야기 속으로 빠져들어 말씀의 성육신을 경험하는 성경공부입니다.

6_ 흥미와 재미를 유도하는 주제로 구성되어 있고, 모두가 쉽게 참여하면서 영적 깊이와 변화를 체험하게 하는 전인적인 성경공부입니다.

7_ 성경공부를 통하여 자연스럽게 학과공부와 전인교육에 필요한 논술력, 사고력, 상상력, 창의력, 응용력을 함께 계발시키는 성경공부입니다.

8_ 분반공부와 제자훈련 등 시간(30분, 1시간, 1시간 30분)을 탄력적으로 운영하며 사용할 수 있는 성경공부입니다.

9_ 15년 동안 준비하고 실험한 성경공부 사역 전문가에 의해 검증된 효과적인 공부 방법과 총체적이며 전인적인 교과과정이 체계적으로 구성된 신뢰할 만한 성경공부입니다.

틴~꿈 십대성경공부 시리즈 전체 양육과정표

〈틴~꿈 십대성경공부 시리즈〉는 1년 단위로 5권씩 3년 동안 성경 전체의 내용을 핵심적으로 다루도록 구성되었습니다. 1년차는 성경 파노라마를 통해 성경의 맥과 개관을 다룹니다. 그리고 구약책과 신약책 중에서 십대에 맞는 책을 선택하여 집중적으로 유형별로 균형 있게 공부하도록 했습니다. 십대 시기에 성경의 맛을 직접 느끼게 함으로써, 앞으로의 삶 속에서 성경을 계속 배우고 실천하는 데 도움을 주는 방향으로 내용을 구성했습니다. 십대를 마칠 때는 적어도 성경의 중요한 맥과 뼈대를 잡고, 성경의 내용을 각 권별로 조금씩이라도 살아 있는 말씀으로 경험한다면 평생 동안 말씀과 함께 사는 데 큰 도움이 될 것입니다.

	성경개관 시리즈	구약책 시리즈	신약책 시리즈
1권	성경파노라마 – 구약1 성경, 한눈에 쏘옥~	창세기 인생의 뿌리, 꽉– 잡아라	누가복음 최고의 멘토, 예수님을 만나라
2권	성경파노라마 – 구약2 성경, 한눈에 쏘옥~	에스더 영적 거인, 빼– 닮아라	로마서 내 안의 복음 발전소
3권	성경파노라마 – 구약3 성경, 한눈에 쏘옥~	다니엘 나는 바이블 영재!	사도행전 글로벌 증인이 되어라
4권	성경파노라마 – 신약1 성경, 한눈에 쏘옥~	잠언 지혜가 최고야!	빌립보서 기쁨을 클릭하라
5권	성경파노라마 – 신약2 성경, 한눈에 쏘옥~	전도서 어, 인생이 보인다!	요한계시록 인생 승리, 폴더를 열어라

* 틴꿈 십대 새가족 양육교재
● 각 과는 10과 내외로 구성되어 있으며, 3년 과정으로 중고등부가 모두 사용할 수 있습니다. 각 교회 상황에 따라 순서에 상관없이 책을 자유롭게 선택하여 사용 가능합니다. 과정을 계속 이어가기를 원하면 〈아름다운 십대성경공부 시리즈〉(3년차)와 연관하여 사용할 수 있습니다.

차례

과정 1

새로운 출생

새로운 출생

세상을 살아가면서 풀리지 않는 의문이 있습니다. 그것은 아름다운 이 세상에 왜 이렇게 악한 모습이 많이 나타나는가 하는 것입니다. 악한 인간들의 모습을 보면서 우리는 많은 생각을 하게 됩니다. 과연 이 모습이 세상의 전부인가? 만약 그렇다면 이 세상을 살아가는 것은 불행하고 허무합니다. 결국은 모든 인간은 죄값으로 죽게 되고 삶은 허무하게 될 것이기 때문입니다.

그러나 그렇지 않습니다. 하나님은 세상을 그렇게 두지 않으시고 삶의 허무함을 극복할 수 있게 하셨습니다. 그 방법은 인간을 다시 태어나게 하는 것입니다. 그래서 인간은 두 번 태어납니다. 만약 인간이 새로운 출생 없이 그대로 산다면 해결의 방법이 없습니다. 인간의 죄와 악함은 다시 되돌릴 수 없기 때문입니다. 그것을 해결하기 위해서는 새롭게 태어나야 합니다. 새롭게 태어나는 것은 인간이 엄마의 뱃속으로 다시 들어가야 한다는 것을 의미하지 않습니다. 영적으로 다시 태어나는 것을 뜻합니다. 마음과 생각과 영이 새롭게 태어나는 것입니다

그렇게 되면 지금과 다른 삶을 살 수 있습니다. 옛 사람은 죽고 새로운 사람이 태어나는 새로운 출생이 인간에게 필요합니다. 하나님이 이런 길을 마련해 놓으셨습니다.

우리 모두 새롭게 태어나는 길을 찾아 인생 여행을 떠나 보겠습니다.

우리의 마음과 생각과 영이 새롭게 태어나는 놀라운 그 현장으로 들어가 봅시다.

■ "새로운 출생"의 여정표 ■

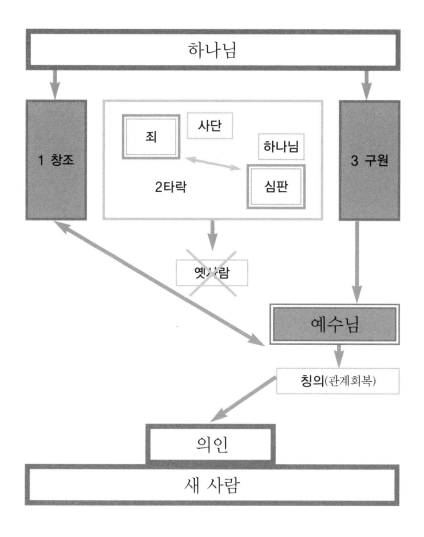

〈 단어 조각 맞추며 하는 복음 이야기 〉

창조 이야기

"태초에 하나님이 천지를 창조하시니라." (창 1:1)

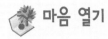 **마음 열기**

● 그것이 궁금하다. 세상이 만들어진 이야기 속으로.

우리가 사는 세상은 어떻게 만들어졌을까? 누구나 한번쯤 궁금해 합니다. 그러나 누구도 세상이 처음 만들어진 것에 대해서는 알지 못합니다. 고대의 어떤 사람들은 이 세상이 물·불·흙으로 만들어졌다고 말하기도 했습니다. 그렇다면 물·불·흙은 누가 만들었을까요? 우연히 생겼을까요? 성경은 세상이 창조된 이야기를 잘 그려 놓고 있습니다. 처음이 흔들리면 모든 것은 의미가 없습니다. 그러나 처음을 잘 안다면 모든 것이 튼튼합니다. 지금부터 세상이 어떻게 만들어졌는지, 창조 이야기 속으로 들어가도록 하겠습니다.

 성경 이야기

● 창세기 1-2장 이야기를 정리해 보십시오.

우리가 사는 이 세상은 하나님이 창조했습니다. 우연히 만들어진 세상이 아닙니다

하나님이 분명한 목적을 가지고 세상을 창조했습니다. "태초에 하나님이 천지를 창조하시니라"(창1:1). 그렇다면 하나님은 세상을 어떻게 창조했을까요?

 하나님이 세상을 창조했습니다

1 말씀으로 창조했습니다

"하나님이 이르시되 빛이 있으라 하시니 빛이 있었습니다."(창 1:3)

"하나님이 이르시되 땅은 생물을 그 종류대로 내되 가축과 기는 것과 땅의 짐승을 종류 대로 내라 하시니 그대로 되니라."(창 1:24)

이 세상은 하나님이 말씀을 하시니 그대로 창조되었습니다. 말씀이 창조의 시작입니다. 모든 것은 하나님이 하신 말씀에서 만들어졌습니다.

2 질서에 따라 창조했습니다

"하나님이 이르시되 땅은 풀과 씨 맺는 채소와 각기 종류대로 씨 가진 열매 맺는 나무를 내라 하시니 그대로 되었습니다."(창 1:11)

세상의 창조물은 종류대로 하나님의 질서에 따라 창조됐습니다. 서로 섞이면 안됩니다. 타락은 서로 혼합하면서 생깁니다. 하나님의 질서가 파괴됩니다.

3 아름답게 창조했습니다

"땅에 기는 모든 것을 그 종류대로 만드시니 하나님이 보시기에 좋았더라."(창 1:25)

하나님이 만드신 세상은 아름다운 모습입니다. 하나님 스스로의 평가는 심히 보기가 좋다는 것이었습니다. 우리도 하나님의 눈으로 세상을 아름답게 보아야 합니다.

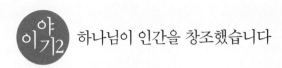 하나님이 인간을 창조했습니다

하나님은 세상을 다 만드시고 마지막 여섯째 날에 인간을 만드셨습니다. 인간을 어떻게 만드셨으며 또 인간을 만드신 이유는 무엇일까요?

1 하나님의 형상을 닮게 창조했습니다

"하나님이 자기 형상 곧 하나님의 형상대로 사람을 창조하시되 남자와 여자를 창조하시고."(창 1:27)

인간은 동물을 아닌 하나님을 닮았습니다. 동물과는 근본적으로 다릅니다. 육은 흙으로 만들었지만 영은 하나님을 닮았습니다. 동물이 진화해서 인간이 된다는 것은 불가능한 일입니다.

2 하나님의 목적을 위해 창조했습니다

"하나님이 그들에게 복을 주시며 그들에게 이르시되 생육하고 번성하여 땅에 충만하라. 땅을 정복하라. 바다의 물고기와 하늘의 새와 땅에 움직이는 모든 생물을 다스리라 하시니라."(창 1:28)

인간은 하나님의 명령에 따라 하나님의 대리인으로서 세상을 다스리고 정복하는 임무를 부여받았습니다. 인간은 세상에서 이 사명을 잘 감당해야 합니다.

3 보시기에 좋게 창조했습니다

"하나님이 지으신 그 모든 것을 보시니 보시기에 심히 좋았더라. 저녁이 되고 아침이 되니 이는 여섯째 날이니라."(창 1:31)

하나님이 만드신 세상과 인간의 모습은 보시기에 좋은 너무 아름다운 모습이었습니다. 인간의 처음 모습은 하나님이 보실 때도 흡족했고 아름다운 모습이었습니다.

 하나님과 인간은 행복하게 살았습니다

1 에덴동산을 경작하며 지키며 살게 했습니다

"여호와 하나님이 동방의 에덴에 동산을 창설하시고 그 지으신 사람을 거기 두시니라."(창 2:8)
"여호와 하나님이 그 사람을 이끌어 에덴동산에 두어 그것을 경작하며 지키게 하시고."(창 2:15)

하나님은 에덴동산을 인간에게 다스리고, 지키고, 경작하게 하셨습니다. 인간은 하나님과 함께하는 삶을 살았고 이때가 가장 행복한 모습이었습니다.

2 선악과 이외의 각종 나무의 열매를 임의로 먹게 했습니다

"여호와 하나님이 그 사람에게 명하여 이르시되 동산 각종 나무의 열매는 네가 임의로 먹되 선악을 알게 하는 나무의 열매는 먹지 말라 네가 먹는 날에는 반드시 죽으리라."(창 2:16-17)

인간은 선악과 이외의 에덴동산의 모든 나무의 열매를 자유롭게 먹고 살았습니다. 인간에게 모든 과일을 자유롭게 먹을 수 있는 선택권을 주셨습니다. 하나님이 인간에게 주신 놀라운 특권입니다.

3 동물의 이름을 짓게 했습니다

"아담이 각 생물을 부르는 것이 곧 그 이름이 되었더라. 아담이 모든 가축과 공중의 새와 들의 모든 짐승에게 이름을 주니라."(창 2:19-20)

동물의 이름을 인간에게 짓도록 했다는 것은 인간에게 얼마나 놀라운 특권을 주었는지를 보여줍니다. 인간은 하나님의 대리자로서 하나님이 만드신 세상과 자연을 통치하게 되었습니다.

4 돕는 배필을 주었습니다

"아담이 돕는 배필이 없으므로 여호와 하나님이 아담을 깊이 잠들게 하시니 잠들매 그가 그 갈빗대 하나를 취하고 살로 대신 채우시고 여호와 하나님이 아담에게서 취하신 그 갈빗대로 여자를 만드시고."(창 21-22)

하나님은 아담에게 돕는 배필인 하와를 주셔서 같이 살도록 했습니다. 최초의 부부입니다. 부부를 통하여 서로 돕고 생육하고 번성하도록 했습니다.

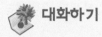

대화하기

● 하나님이 만드신 세상의 모습은 아름다운 모습이었습니다. 인간과 이 세상의 모습을 보고 지금도 여전히 남아 있는 심히 좋고 아름다운 창조의 모습을 말해 보십시오.

_____

_____

적용하기

1 나는 인간과 세상에 대해서 어떤 생각을 가지고 있습니까?

_____

_____

2 나는 인간과 세상을 하나님이 창조하셨다고 믿습니까? 무엇을 통해서 믿을 수 있는지 말해 보십시오. 만약 잘 안 믿어진다면 어떤 이유에서인지 말해 보십시오.

_____

_____

02

죄 이야기

"여자가 그 열매를 따먹고 자기와 함께
있는 남편에게도 주매 그도 먹은지라." (창 3:6)

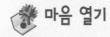 **마음 열기**

● 불행한 세상, 왜 이렇게 되었는가?

우리가 사는 세상을 보면 추악한 모습이 많습니다. 그래서 사는 것이 힘듭니다. 시기, 질투, 욕심, 살인, 거짓말이 가득 차 있습니다. 서로 하나되기보다는 자기의 욕심을 위해 쌓고 뺏는 일을 합니다.

왜 이렇게 인간의 세상이 힘들게 되었을까요?

 성경 이야기

● 창세기 3장 이야기를 정리해 보십시오.

하나님의 형상을 입고 창조된 인간은 그 능력을 이용하여 하나님에게 도전하면서 하나님을 떠나게 되었습니다. 우리는 이것을 죄라고 말합니다. 하나님에게서 떠난 인간의 삶은 죄인된 삶입니다. 이것은 마치 물고기가 물을 떠난 상태와 같습니다. 시간이 가면 갈수록 패망에 이르게 됩니다.

 하나님의 말씀을 어겼습니다

1 하나님이 금하신 선악과를 먹었습니다

"여자가 그 열매를 따먹고 자기와 함께 있는 남편에게도 주매 그도 먹은 지라."(창 3:6)

인간은 하나님이 명하신 선악과를 먹었습니다. 하와는 자기 남편인 아담에게도 주어서 먹게 함으로써 함께 죄를 지었습니다. 그 이후로 인간은 하나님이 금하신 것을 하려는 악한 습성이 생겼습니다.

2 하나님의 말씀을 의심했습니다

"너희가 죽을까 하노라."(창 3:3)

하나님은 선악과를 먹으면 반드시 죽는다고 했습니다. 그러나 인간은 하나님의 말씀을 무시하고 의심했습니다. 안 죽을지도 모른다는 생각을 하게 되었습니다. 오늘도 우리는 성경의 말씀을 믿기보다는 의심을 하는 경향이 많습니다.

3 하나님보다 사단(뱀·사람)의 말에 더 흥미를 가졌습니다

"여자에게 이르되 너희가 결코 죽지 아니하리라."(창 3:5)

왜 인간은 선악과를 먹었을까요? 뱀이 선악과를 먹으면 결코 죽지 않는다고 유혹했기 때문입니다. 인간은 그 유혹에 빠져 그만 하나님 앞에서 죄를 짓고 말았습니다. 오늘도 우리를 유혹하는 사단의 소리를 조심해야 합니다.

이야기2 하나님과 같아지려는 욕심을 가졌습니다

1 하나님과 같아지려는 교만이 생겼습니다

"너희가 그것을 먹는 날에는 너희 눈이 밝아져 하나님과 같이 되어 선악을 알 줄 하나님이 아심이니라."(창 3:5)

인간은 지금도 하나님과 같아지려는 마음을 품고 있습니다. 지금도 많은 사람들은 자기가 주인이 되어 하나님을 대신하고 싶어 합니다. 자기 자리를 잊어버리고 위치를 벗어났습니다, 우리는 이것을 교만이라고 말합니다.

2 사단의 종이 되었습니다

"여자가 그 나무를 본즉 먹음직도 하고 보암직도 하고 지혜롭게 할 만큼 탐스럽기도 한 나무인지라."(창 3:6)

사단의 말을 듣고 나니 하와는 이전의 모습이 아니었습니다. 사단의 종이 되어 사단이 하는 말을 그대로 따랐습니다. 선악과가 새롭게 보였습니다. 그리고 하나님의 명령을 버리고 사단에게 자신의 마음을 바쳤습니다. 여기에서 인간의 불행이 시작되었습니다.

이야기 3 · 모든 관계가 파괴되었습니다

1 이웃관계: 아담과 하와의 사이가 깨어졌습니다

"여자가 그 열매를 따먹고 자기와 함께 있는 남편에게도 주매 그도 먹은지라."(창 3:6)

"아담이 이르되 하나님이 주셔서 나와 함께하게 하신 여자 그가 그 나무 열매를 내게 주므로 내가 먹었나이다."(창 3:12)

아담과 하와는 하나님의 복을 받으며 사랑스러운 부부로 살았습니다. 그러나 죄가 들어옴으로써 부부는 서로 핑계를 대며 서로에게 죄를 짓게 하는 사이가 되었습니다.

2 자연관계: 자연(피조물)과 사이가 파괴되었습니다

"땅은 너로 말미암아 저주를 받고 너는 네 평생에 수고하여야 그 소산을 먹으리라."(창 3:17)

자연은 인간이 죄를 짓는 순간부터 힘든 곳이 되었습니다. 가시덤불과 엉겅퀴가 생기면서 인간은 수고하고 노력해야 과실을 얻게 되었습니다. 자연과 인간 사이가 상생이 아닌, 서로 피해를 주고 두려워하는 사이가 되었습니다.

3 하나님과의 관계: 하나님의 얼굴을 피하게 되었습니다

"아담과 그의 아내가 여호와 하나님의 낯을 피하여 동산 나무 사이에 숨은지라"(창 3:8)

죄를 지은 후부터 인간은 하나님을 피하여 숨게 되었습니다. 그리고 하나님과 대화가 되지 않고 엉뚱한 변명과 자기 합리화를 하는 모습으로 변했습니다.

4 자신과의 관계: 불안과 부끄러움을 갖게 되었습니다

"하나님의 소리를 듣고 내가 벗었음으로 두려워하여 숨었나이다."(창 3:10)

죄를 지은 후에 인간에게 찾아온 것은 두려움과 부끄러움입니다. 하나님을 떠난 인간은 늘 불안과 두려움에 사로잡혀 숨어 다니는 신세가 되었습니다.

대화하기

● 죄는 관계가 파괴되는 것입니다. 가장 먼저 하나님과의 관계가 깨어
  짐으로써 모든 관계가 끊어졌습니다. 인간 세상의 슬픈 모습은 모두
  여기서 출발합니다. 세상을 살면서 가장 힘든 일은 무엇이라고 생각
  합니까?

_____

_____

 적용하기

1 나는 세상과 인간의 문제는 하나님과의 관계가 깨어짐으로써 생긴 것
  임을 인정합니까?

_____

_____

2 현재 나는 하나님과의 사이가 어떻습니까? 서로 좋은 사이입니까? 아
  니면 나쁜 사이입니까?

_____

_____

03

심판 이야기

"누구든지 생명책에 기록되지 못한 자는
불꽃에 던지우리라." (계 20:11-16)

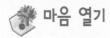 **마음 열기**

● 하나님의 진노 아래 있는 세상

죄를 지은 인간을 하나님은 어떻게 하고 계시는가? 지금 인간의 상태
는 어떤 모습인가?

지금 인간의 상태는 하나님의 진노 아래 있는 모습입니다. 이미 하나
님의 진노와 심판이 우리 위에 머물러 있습니다. 심판이 지연되고 하
나님의 진노가 아직 임하지 않습니다. 물론 부분적으로는 이미 심판
과 진노가 임하여 인간들이 힘들게 살고 있습니다. 그러나 궁극적인
완전한 심판은 보류가 되었습니다. 그것은 우리를 살리기 위한 하나
님의 사랑이요, 기다림입니다. 때가 되면 급속하게 하나님의 진노와
심판이 인류에게 미칠 것입니다.

 성경 이야기

● 창세기 3-4장, 로마서 1장의 내용을 정리해 보십시오.

인간이 죄를 지음으로 인해 인간은 하나님으로부터 죄의 대가를 받
았습니다. 현재 인간의 삶에 슬픈 일이 많은 것은 모두 죄의 결과입
니다. 세상에 있는 사람들의 상태가 어떤지 살펴보도록 하겠습니다.
인간은 이런 모습을 경험하면서 자기가 죄인임을 깨달아야 합니다.

 하나님께 버림받았습니다

1 에덴동산에서 쫓겨났습니다

"여호와 하나님이 에덴동산에서 그를 내보내어 그의 근원이 된 땅을 갈게 하시니라."(창 3:23)

인간은 죄를 지음으로써 하나님이 만드신 아름다운 동산에서 더 이상 살 수 없게 되었습니다. 그곳에 있으면 인간은 영원히 살 수 있습니다. 그러나 이제는 영생하지 못하는 상황이 되었습니다.

2 사람에게 죽음의 저주가 찾아왔습니다

"너는 흙이니 흙으로 돌아갈 것이니라."(창 3:19)

선악과를 먹으면 정녕 죽으리라 하신 하나님의 말씀처럼 인간은 선악과를 먹은 이후에 죽게 되었습니다. 인간의 죽음은 이때 생긴 것입니다. 우리는 죽음을 통해 인간의 죄의 결과가 얼마나 무서운지 생각하게 됩니다. 인간은 모두 죽습니다. 그것은 모든 인간이 죄를 지었기 때문입니다.

3 여자는 해산의 고통과 남편의 지배를 받게 되었습니다

"또 여자에게 이르시되 내가 네게 임신하는 고통을 크게 더하리니 네가 수고하고 자식을 낳을 것이며 너는 남편을 원하고 남편은 너를 다스릴 것이니라."(창 3:17)

여자는 죄를 짓게 하는 시초가 되었습니다. 그로 인해 여자에게는 해산의 고통을 더하게 하셨습니다. 해산의 고통은 인간의 죄를 생각나게 합니다. 그리고 남자에게 죄를 짓게 함으로써 이때부터 여자는 남자의 지배를 받게 되었습니다. 인격적으로는 남녀가 동등하지만 질서적인 측면에서는 남자가 여자를 지배하게 됩니다. 죄를 지으면 그 죄에 지배 당하게 됩니다.

4 남자는 수고의 땀을 흘려야만 합니다

"아담에게 이르시되 네가 네 아내의 말을 듣고 내가 네게 먹지 말라 한 나무의 열매를 먹었은즉 땅은 너로 말미암아 저주를 받고 너는 네 평생에 수고하여야 그 소산을 먹으리라… 네가 흙으로 돌아갈 때 까지 얼굴에 땀을 흘려야 먹을 것을 먹으리니."(창 3:19)

남자는 여자의 말을 듣고 죄를 범했습니다. 그 결과 남자는 수고하고 노동하는 고통을 받게 되었습니다. 에덴동산에서는 땀 흘려 수고하지 않아도 그냥 먹을 수 있었지만 이제는 땀을 흘리며 수고하는 고통이 있어야만 먹고 살게 되었습니다. 특히 남자는 이 일에 책임을 져야합니다.

 ## 죄의 형벌이 찾아왔습니다

1 남을 탓하게 되었습니다

"아담이 이르되 하나님이 주셔서 나와 함께하게 하신 여자 그가 그 나무 열매를 내게 주므로 내가 먹었나이다."(창 3:12)
"여자가 이르되 뱀이 나를 꾀므로 내가 먹었나이다."(창 3:13)

죄를 지으면 그때부터 자기의 죄를 인정하지 않고 다른 사람에게 핑계를 대며 남의 탓을 하게 됩니다. 자기는 의롭다고 주장하면서 잘못을 하나님과 다른 사람 탓으로 돌립니다.

2 하나님을 피하게 됩니다

"아담과 그의 아내가 여호와 하나님의 낯을 피하여 동산 나무 사이에 숨은지라."(창 3:8)

죄를 지은 인간은 하나님을 거부하고 피하게 됩니다. 이상하게도 하나님을 싫어하고 하나님이란 말만 나와도 기분이 상합니다. 주변의 사람들이 대부분 그렇습니다. 그것은 스스로 자신이 하나님과 원수관계가 되었음을 증거하는 것입니다. 죄를 지은 사람은 얼굴을 들지 못합니다.

3 화를 내며 분노합니다

"가인이 몹시 분하여 안색이 변하니"(창 4:5)

화를 내는 것은 스스로 죄가 있다는 것을 드러내는 것입니다. 자기 의가 강한 사람일수록 화를 크게 냅니다.

4 욕심과 시기와 미움이 생겼습니다

"곧 모든 불의, 추악, 탐욕. 악의가 가득한 자요, 시기, 살인, 분쟁, 사

기, 악독이 가득한 자요 수군수군하는 자요."(롬 1:29)

인간 속에서 일어나는 모든 죄악된 일들은 인간이 지은 죄의 현상들입니다. 이것은 모든 인간에게 가득 차 있습니다. 여기에서 인간은 누구도 자유로울 수 없습니다. 모든 인간은 죄인입니다. 이런 죄악들을 우리는 생활 속에서 얼마나 많이 행합니까?

5 폭행과 살인이 일어났습니다

"가인이 그의 아우 아벨에게 말하고 그들이 들에 있을 때에 가인이 그의 아우 아벨을 쳐 죽이니라."(창 4:8)

죄를 지으면 나중에는 형제간에, 이웃 간에 폭행과 살인까지 행하게 됩니다. 우리 주위에서 일어나는 폭행과 살인은 모두 죄에 지배를 받아서 생기는 악한 일입니다.

 ## 이야기3 하나님께 심판을 받았습니다

1 하나님의 형상이 파괴되었습니다

"하나님을 알되 하나님으로 영화롭게도 아니하며 감사치도 아니하고 오히려 그 생각이 허망하여지며 미련한 마음이 어두워졌나니 스스로 지혜 있다 하나 우준하게 되어 썩어지지 아니하는 하나님의 영광을 썩어질 사람과 금수와 버러지 형상의 우상으로 바꾸었느니라."(롬 1:21-23)

하나님이 인간에게 주신 고유한 하나님의 형상이 파괴되어 하나님을 영화롭게 하기보다는 사람과 짐승과 동물과 같은 형상을 좋아하게 되었습니다. 인간이 하나님보다 동물을 더 좋아하는 현상이 나타났습니다.

2 하나님을 상실함으로써 합당치 못한 일을 하게 되었습니다

"또한 저희가 마음에 하나님 두기를 싫어하매 하나님께서 저희를 그 상실한 마음대로 내어 버려 두사 합당치 못한 일을 하게 하셨으니 곧 모든 불의, 추악, 탐욕, 악의가 가득한 자요 시기, 살인, 분쟁, 사기, 악독이 가득한 자요 수군수군하는 자요 비방하는 자요 하나님의 미워하시는 자요 능욕하는 자요 교만한 자요 자랑하는 자요 악을 도모하는 자요 부모를 거역하는 자요 우매한 자요 배약하는 자요 무정한 자요 무자비한 자라."(롬 1:28-31)

하나님을 마음에 두는 것을 싫어함으로 악한 행동이 나타나게 되었습니다. 인간들에게 나타나는 악한 모습은 하나님을 마음에서 몰아냄으로써 생긴 죄의 결과들입니다.

3 하나님의 진노를 받게 되었습니다

"하나님의 진노가 불의로 진리를 막는 사람들의 모든 경건치 않음과 불의에 대하여 하늘로 좇아 나타나나니."(롬 1:18)

인간은 하나님의 진노와 분노 아래 있게 되었습니다. 모든 인간은 결국 죽습니다. 그것은 하나님의 진노의 모습입니다. 더 무서운 것은 육신의 죽음 이후에는 영원한 죽음이 기다리고 있다는 것입니다.

"또 내가 보니 죽은 자들이 무론 대소하고 그 보좌 앞에 섰는데 책들이 펴 있고 또 다른 책이 펴졌으니 곧 생명책이라 죽은 자들이 자기 행위를 따라 책들에 기록된 대로 심판을 받으니 바다가 그 가운데서 죽은 자들을 내어주고 또 사망과 음부도 그 가운데서 죽은 자들을 내어주매 각 사람이 자기의 행위대로 심판을 받고 사망과 음부도 불못에 던지우니 이것은 둘째 사망 곧 불못이라. 누구든지 생명책에 기록되지 못한 자는 불못에 던지우더라."(계 20:11-15)

죄를 지은 사람은 죽은 이후에 영원한 심판에 이르게 됩니다. 그곳은 지옥입니다. 세세무궁토록 불못 속에서 산다고 생각해 보십시오. 얼마나 끔찍하겠습니까?

 대화하기

● 죄를 지은 인간은 자기가 지은 죄값을 받아야 합니다. 그것이 하나님의 심판입니다. 하나님은 공의로우신 분이기에 죄를 보고 그냥 넘어갈 수 없습니다. 그럼에도 여전히 죄를 지은 사람들이 눈에 보이는 심판을 받지 않고 사는 이유는 무엇입니까?

_____

_____

 적용하기

1 하나님을 믿지 않는 사람들은 이미 하나님의 심판을 받았습니다. 그 럼에도 아직 심판에 이르지 아니한 것은 하나님의 긍휼하심 때문입니 다. 나는 지금 어떤 상태입니까?

_____

_____

2 하나님의 심판 이야기를 듣고 느낀 점을 말해 보십시오.

_____

_____

04

구원 이야기

"사람이 마음으로 믿어 의에 이르고 입으로 시인하여
구원에 이르느니라." (롬 10:10)

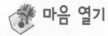 **마음 열기**

● 좋은 소식이 있습니다.

인간의 힘으로는 도저히 해결하지 못하는 운명에 대하여 하나님은
우리에게 좋은 소식을 주셨는데, 그것은 무엇일까요? 진정한 복음은
영원해야 합니다. 그리고 어느 한 사람이 아닌 모든 사람이 받을 수
있는 공평함이 있어야 합니다. 차별이 있거나 불공평하면 안됩니다.
모두가 받을 수 있는 그런 것이 진정한 복음입니다. 세대를 초월하고
종족과 성별과 배경을 초월한 그런 복음이어야 합니다. 세상에 과연
그런 것이 있을까요? 그 이야기 속으로 들어가 보겠습니다.

 성경 이야기

● 로마서 3장, 6장, 10장의 이야기를 정리해 보십시오

 문제: 인간 스스로는 자기를 구원할 수 없습니다

1 인간의 힘으로는 하나님의 법을 지킬 수 없습니다

"그러므로 율법의 행위로 그의 앞에 의롭다 하심을 얻을 육체가 없나
니."(롬 3:20)
"모든 사람이 죄를 범하였으매 하나님의 영광에 이르지 못하더니."(롬
3:23)

인간의 힘으로는 하나님의 의에 도달할 수 없고 하나님의 법을 지킬

수 없습니다. 왜냐하면 인간은 스스로 하나님의 뜻을 행할 수 있는 능력이 상실되었기 때문입니다

2 자기가 죄인임을 깨달아야 합니다

"기록한 바 의인은 없나니 하나도 없으며 깨닫는 자도 없고 하나님을 찾는 자도 없고 다 치우쳐 한가지로 무익하게 되고 선을 행하는 자는 없나니 하나도 없도다."(롬 3:10-12)

모든 인간은 죄인입니다. 자기 힘으로 할 수 있는 것은 하나도 없습니다. 우리는 하나님이 은혜를 주시므로 하루하루를 살아가고 있습니다. 내 힘으로 할 수 있다고 생각하며 하나님을 의지하지 않는 것이 곧 죄입니다.

3 하나님께 돌아오는 회개를 해야 합니다

"이는 만물이 주에게서 나오고 주로 말미암고 주에게로 돌아감이라 영광이 그에게 세세에 있으리로다 아멘."(롬 11:36)

세상의 모든 것은 하나님에게서 왔습니다. 이것을 인정하고 사는 것이 중요합니다. 인생의 행복은 이것을 아는 데서 시작됩니다. 지금이라도 인생의 시작이 하나님이심을 알고 그분에게 돌아가야 합니다. 이것을 회개라고 합니다.

이야기2 해결: 예수님이 대신 구원을 이루셨습니다

1 인간에게 예수님을 보내주셨습니다

"이제는 율법 외에 하나님의 한 의가 나타났으니 율법과 선지자들에게 증거를 받은 것이라 곧 예수 그리스도를 믿음으로 말미암아 모든 믿는 자에게 미치는 하나님의 의니 차별이 없느니라."(롬 3:21-22)

하나님은 죄 지은 인간을 구원하기 위해 성경을 통해 오래전부터 예언된 예수님을 이 세상에 보내주셨습니다. 인간의 몸을 입고 오셨지만 그분은 인간의 죄를 가지지 않은 의인으로, 곧 눈에 보이는 하나님이십니다.

2 인간이 받아야 할 죄에 대한 값을 예수님이 대신 받았습니다

"그의 죽으심은 죄에 대하여 단번에 죽으심이요."(롬 6;10)

예수님이 세상에 오셔서 십자가에 죽으신 것은 자신의 죄가 아닌 인간의 죄를 대신하여 죽으신 것입니다. 인간의 힘으로 할 수 없는 것을 하나님이 예수님을 통해서 대신하신 것입니다.

3 죄인된 인간을 의롭게 하여 영원히 살게 하셨습니다

"그러므로 우리가 믿음으로 의롭다 하심을 얻었은즉 우리 주 예수 그리스도로 말미암아 하나님으로 더불어 화평을 누리자."(롬 5:1)

"이는 죄가 사망 안에서 왕 노릇 한 것같이 은혜도 또한 의로 말미암아 왕 노릇 하여 우리 주 예수 그리스도로 말미암아 영생에 이르게 하려 함이니라."(롬 5:21)

예수님이 인간을 위해 죽으심으로 인간은 죄인에서 의인이 되었습니다. 그럼으로서 영원히 사는 축복을 얻었습니다. 죄가 해결됨으로서 영원히 사는 길이 열린 것입니다. 물론 이것은 내가 한 것이 아닌 예수님 하신 일입니다.

 ## 이야기3 적용: 예수님을 영접해야 구원을 받습니다

1 예수님이 나를 위해 행하신 일을 믿어야 합니다

"곧 예수 그리스도를 믿음으로 말미암아 모든 믿는 자에게 미치는 하나님의 의니 차별이 없느니라."(롬 3:22)

"그런즉 자랑할 데가 어디뇨 있을 수가 없느니라 무슨 법으로냐 행위로냐 아니라 오직 믿음의 법으로니라 그러므로 사람이 의롭다 하심을 얻는 것은 율법의 행위에 있지 않고 믿음으로 되는 줄 우리가 인정하노라."(롬 3:27-28)

내가 죄에서 구원을 받고 영원히 사는 길은 나의 행위에 있지 않습니다. 하나님이 예수님을 통해 우리에게 행하신 십자가의 사건을 통해 이루어지는 것입니다. 십자가의 죽음은 내가 할 수 없는, 예수님만이 하실 수 있는 유일한 일입니다. 우리는 할 수 있는 일이 하나도 없습니다.

나를 위하여 행하신 예수님의 십자가 대속을 믿는 길 이외에 다른 길이 없습니다.

2 마음으로 믿고 예수님을 주인으로 모셔야 합니다

"사람이 마음으로 믿어 의에 이르고 입으로 시인하여 구원에 이르느니라."(롬 10:10)

이제 예수님이 나의 죄를 위해 죽으신 것을 믿는다면, 십자가에 죽으신 그 예수님을 나의 주인으로 받아들여야 합니다. 그러면 예수님의 죽으신 목적이 나에게도 적용되어 내가 다시는 그 죄에 대해 형벌을 받지 않아도 됩니다. 이것을 마음으로 진실하게 받아들이고 믿어야 합니다. 물론 사람의 눈에는 나의 마음이 보이지 않지만 하나님은 정확하게 아시고 그것을 받아들이실 것입니다.

3 입으로 시인하여 모든 사람에게 그리스도가 주인이심을 고백해야 합니다

"네가 만일 네 입으로 예수를 주로 시인하며 또 하나님께서 그를 죽은 자 가운데서 살리신 것을 네 마음에 믿으면 구원을 얻으리니."(롬 10:9)

마음으로 믿은 예수님을 이제 사람들 앞에서 입으로 시인함으로써 내가 예수님을 나의 구원자로 믿는다는 것을 분명하게 인정해야 합니다. 그렇게 할 때 진정으로 예수를 믿는 것이 됩니다. 주변 사람들에게 나는 예수를 믿는 사람임을 드러내고 말할 때 하나님의 자녀가 됩니다. 그것은 또한 사람들에게 전도를 하는 효과가 있습니다. 정말 예수님이 좋다면 사람들에게 전하는 것은 너무나 당연한 것입니다.

 대화하기

● 예수님은 내 안에 언제 들어오십니까? 그것을 무엇으로 확신할 수 있습니까?

_____

_____

 적용하기

1 나는 예수님을 나의 죄를 위해 죽으심으로 나를 구원하신 구원자로, 또 하나님으로 믿습니까? 믿는다면 그것을 입으로 시인하며 고백해 보십시오.

_____

_____

2 이제부터 나의 주인은 내가 아니고 예수님이십니다. 주님이 내 안에 주인으로 계십니다. 주님을 영접한 나의 모습을 이야기해 보십시오.

_____

_____

★ 예수님을 영접한 새생명 잔치 ★

(새 가족을 위한 새 생명 잔치를 준비하여 갖도록 합니다.)

과정 2

새로운 삶

■ 과정 2 ■

새로운 삶

새로운 출생을 한 사람을 '그리스도인' 이라고 합니다. 그리고 우리는 이것을 "중생했다, 거듭났다, 구원받았다, 영생을 얻었다. 천국 가게 되었다"고 말합니다. 그리스도인은 겉모습을 보면 세상 사람과 같은 인간이지만 내적으로 보면 다릅니다. 영혼과 마음과 생각은 완전히 새로운 사람입니다. 하나님을 아버지라고 부르면서, 하나님 생각으로 살아가는 사람이 그리스도인입니다.

사람은 생각대로 살게 되어 있습니다. 생각이 달라지면 삶도 달라집니다. 그런 면에서 그리스도인은 새로운 삶의 모습이 있습니다. 이전의 모습과는 다른 새로운 삶입니다. 그리스도인으로 살아가는 새로운 삶의 모습을 네 가지 관계 속에서 정립해 볼 수 있습니다. 그것은 하나님과의 관계, 자신과의 관계, 이웃과의 관계, 세상과 자연과의 관계입니다.

믿음은 관계입니다. 관계가 바르게 되지 못하면 진정한 믿음이라 말할 수 없습니다.

그리스도인은 앞으로 네 가지 관계를 균형 있게 세워 나가야 합니다. 이런 관계를 바르게 맺다 보면 자연히 믿음이 튼튼해져 어떤 어려움도 이길 수 있고, 마음에 평강이 넘치는 삶을 살 수 있습니다. 세상의 악한 것을 이길 수 있고 세상을 구원하는 삶을 살 수 있습니다.

자, 새로운 사람은 앞으로 어떻게 살아야 하는지 구체적인 삶의 모습을 살펴보겠습니다. 나의 미래의 모습을 그리면서 새로운 인생 속으로 들어가 보도록 하겠습니다.

■ "새로운 삶"의 여정표 ■

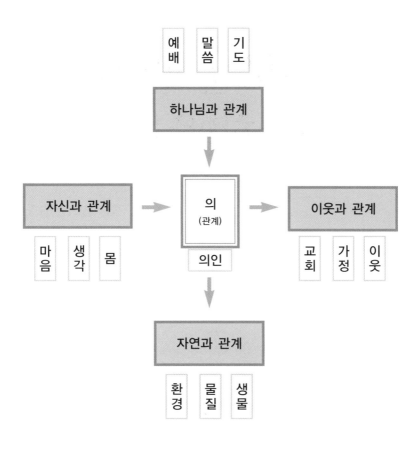

〈 파랑개비 만들기 〉

01

새로운 관계
-하나님

"한 마음과 한 입으로 하나님 곧 예수 그리스도의 아버지께
영광을 돌리게 하려 하노라." (롬 15:6)

마음 열기

● 어떻게 하면 하나님과의 관계를 좋게 할 수 있을까?

구원받은 사람은 생활이 달라져야 합니다. 그중에 제일 먼저 해결해야 할 것이 하나님과의 관계입니다. 하나님과의 관계가 회복되어 우리는 구원을 받았습니다. 그리고 다른 관계도 회복되었습니다. 그러나 모든 것이 완전하게 해결된 것은 아닙니다. 이제 관계를 돈독하게 하고 깊게 해야 합니다. 하나님과의 관계를 좋게 하기 위해서 그리스도인이 해야 할 일은 무엇일까? 그것을 알아보도록 하겠습니다.

성경 이야기

● 로마서 11-12장, 15장, 시편의 이야기를 정리해 보십시오.

 예배하라

1 하나님을 찬양하라

"한 마음과 한 입으로 하나님 곧 우리 주 예수 그리스도의 아버지께 영광을 돌리게 하려 하노라."(롬 15:6)

"그것들이 여호와의 이름을 찬양함은 그가 명령하시므로 지음을 받았음이로다."(시 148:5)

이제 구원받은 자는 하나님께로 돌아왔으며 하나님의 자녀가 되었습니다. 하나님을 아버지로 모시면서 세상 속에서 하나님을 자랑하면서 살아야 합니다. 그것은 자녀가 가져야 할 마땅한 본분입니다. 하나님을 자랑하고 칭송하는 것, 그것이 곧 찬양하는 일입니다.

2 하나님을 시작과 끝으로, 또 최고로 여기라

"깊도다 하나님의 지혜와 지식의 부요함이여,
그의 판단은 측량치 못할 것이며 그의 길은 찾지 못할 것이로다
누가 주의 마음을 알았느뇨 누가 그의 모사가 되었느뇨
누가 주께 먼저 드려서 갚으심을 받겠느뇨
이는 만물이 주에게서 나오고
주로 말미암고
주에게로 돌아감이라
영광이 그에게 세세에 있으리로다 아멘."(롬 11:22-26)

인생의 시작도 하나님이시요 마지막도 하나님이십니다. 그리스도인이 된 순간 우리는 이것을 알게 됩니다. 그러나 세상 사람들은 이런 진리를 알지 못하고 방황합니다. 시작도 마지막도 없는 허무한 삶을 살고 있습니다. 인생의 최고 가치를 하나님께 두면서 살아가는 사람이 가장 행복한 삶을 사는 사람입니다.

3 우리의 몸을 산 제물로 하여 영적 예배를 드리라

"그러므로 형제들아 내가 하나님의 모든 자비하심으로 너희를 권하노니 너희 몸을 하나님이 기뻐하시는 거룩한 산 제사로 드리라 이는 너희의 드릴 영적 예배니라."(롬 12:1)

영혼의 구원을 받은 그리스도인의 몸은 자신의 것이 아닙니다. 더 이상 몸을 나를 위해 사용하지 않고 하나님을 위해 사용해야 합니다. 우리의 모든 삶을 드려서 하나님을 예배하고 우리가 사는 곳이 하나님을 높이는 예배 장소가 되어야 합니다.

이제부터는 매주일 정기적으로 시간을 정하여 하나님을 예배하는 삶이 되어야 합니다.

이야기2 말씀과 만나라

하나님을 어떻게 지속적으로 만날 수 있습니까? 그것은 말씀을 통해서입니다. 하나님은 말씀이시기 때문입니다. 오늘도 하나님은 말씀으로 우리에게 자신의 뜻을 전해 주십니다.

1 왜 말씀과 만나야 합니까?

"너희는 이 세대를 본받지 말고 오직 마음을 새롭게 함으로 변화를 받아 하나님의 선하시고 기뻐하시고 온전하신 뜻이 무엇인지 분별하도록 하라 내게 주신 은혜로 말미암아 너희 중 각 사람에게 말하노니 마땅히 생각할 그 이상의 생각을 품지 말고 오직 하나님께서 각 사람에게 나눠 주신 믿음의 분량대로 지혜롭게 생각하라."(롬 12: 2-3)

우리가 하나님의 말씀과 만나야 하는 이유는 이제부터 내 안에 모신 주님의 생각과 뜻대로 살아가는 것이 우리의 목표이기 때문입니다. 말씀과 지속적인 만남을 갖지 못한다면 우리는 여전히 내 생각대로 살아가게 됩니다. 옛 사람의 모습을 지니게 되기 때문입니다. 내 생각이 아닌 하나님의 생각을 품고 그대로 실천하기 위해서는 말씀을 가까이 하는 것은 필수적인 일입니다.

2 어떻게 말씀을 만날 수 있습니까?

"이 예언의 말씀을 읽는 자와 듣는 자들과 그 가운데 기록한 것을 지키는 자들이 복이 있나니 때가 가까움이라."(계 1:3)

말씀을 생활 속에서 가까이 해야 합니다. 말씀을 듣고 읽고 묵상하고 공부하는 것은 말씀대로 살기 위해서입니다. 지식을 자랑하거나 자기의 의를 드러내는 것이 아닌, 말씀대로 살아가는 사람이 되기 위함입니다. 하나님의 마음에 합한 사람이 되기 위해서입니다. 그러기 위해서는 먼저 하나님의 말씀이 무엇인지를 알아야 합니다.

(다음의 방법대로 하십시오. ①말씀을 들으라 ②말씀을 읽으라 ③말씀을 연구하라 ④말씀을 암송하라 ⑤말씀을 묵상하라 ⑥말씀을 실천하라)

 기도하라

1 쉬지 말고 기도하라

"쉬지 말고 기도하라."(살전 5:17)

기도는 영적 대화입니다. 한 번 하나님과 관계를 맺은 사람에게는 하나님이 늘 함께하십니다. 우리는 쉬지 않고 늘 하나님께 묻고 대답을 듣는 대화를 해야 합니다. 기도는 영혼의 호흡입니다. 하나님은 어디나 계시기에 언제 어디서나 기도할 수 있습니다.

2 하나님의 뜻을 찾는 기도를 하라

"기도에 항상 힘쓰며"(롬 12:12)
"뜻이 하늘에서 이루어진 것 같이 땅에서도 이루어지이다."(마 6:10)

예수를 믿은 후의 삶은 평탄대로가 아닙니다. 생각만큼 하나님의 뜻이 금방 알아지지 않습니다. 예수를 믿은 이후에도 어려움은 여전히 닥칩니다. 세상 사람들이 당하는 고난을 똑같이 겪습니다. 이를 위해서는 기도에 항상 힘써야 합니다.

3 이웃을 위해 기도하라

"형제들아 내가 우리 주 예수 그리스도로 말미암고 성령의 사랑으로 말미암아 너희를 권하노니 너희 기도에 나와 힘을 같이하여 나를 위하여 하나님께 빌어."(롬 15:30)

그리스도인의 기도는 나만을 위해서 하는 것이 아닙니다. 이웃을 위해서 기도해야 합니다. 모두가 하나님의 자녀들이기에 그들도 잘 되어야 합니다. 그리스도인은 모두가 한 몸이고 같은 지체입니다. 교회와 이웃을 위해서도 함께 기도해야 합니다.

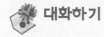 **대화하기**

● 왜 하나님과의 관계가 좋아야 합니까? 하나님과의 관계는 다른 관계
  에 어떤 영향을 미칩니까?

_____

_____

 적용하기

1 나는 하나님을 아버지라고 부르고 있습니까? 하나님을 생각할 때 그
  런 느낌이 있습니까?

_____

_____

2 무엇이든지 하나님에게 물어보고 처리해야 하기 위해서 무엇을 해야
  할까요?

_____

_____

02

새로운 관계
-자신

"오직 성령의 충만을 받으라." (엡 6:19)

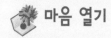 ## 마음 열기

● 자신과 관계를 새롭게 하라

예수를 믿기 이전의 자신은 타락한 모습으로 정체성이 없었습니다. 내가 누구이며, 어디서 왔고 어디로 가는지도 몰랐습니다. 그래서 살아가는 의미와 존재감이 상실되어 있었습니다. 그러나 이제 그리스도를 믿은 이후에는 자신감과 자존감이 생기게 되었습니다. 당당한 하나님의 자녀로서 삶을 용기 있게 살 수 있는 길이 열렸습니다. 그러나 여전히 육신에 속한 죄악들은 우리들을 괴롭힙니다. 어떻게 하면 이런 문제들을 이겨내고 나를 온전하게 세워 나갈 수 있습니까?

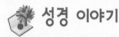 ## 성경 이야기

● 로마서 6장, 8장, 10장의 이야기를 정리해 보십시오.

 ### 회개하라

예수 믿은 이후에도 회개는 계속 일어나야 합니다. 하나님을 거부하는 것에서 하나님을 인정하는 것으로의 회개는 이미 이루어져 천국을 얻게 되었습니다(원죄). 그러나 생활 속에서 육신이 연약함 때문에 닥치는 죄는 계속 범하게 됩니다(자범죄).

1 말씀을 떠난 것을 회개하라

"내가 증거하노니 저희가 하나님께 열심이 있으나 지식을 좇은 것이 아니라."(롬 10: 2)

죄는 하나님의 말씀을 떠난 것을 말합니다. 윤리적인 죄는 하나님을 떠난 결과로 일어난 것입니다. 하나님의 뜻에 맞추지 않고 자기 생각에 의지해서 하는 것은 모두 죄입니다. 인간은 예수를 믿음에도 여전히 자신의 생각에 따라 행동함으로서 하나님 앞에 죄를 짓게 됩니다.

2 자신을 의지한 것을 회개하라

"하나님의 의를 모르고 자기 의를 세우려고 힘써 하나님의 의를 복종치 아니하였느니라."(롬 10:3)

자기를 의지하고 육신의 행동을 하는 것이 죄입니다. 육신의 정욕을 따라 사는 사람들이 많이 있습니다. 그것은 모두 자기 의를 세우려고 하는 것으로, 하나님 앞에서 죄입니다. 이런 사람은 하나님의 말씀을 거역하게 됩니다.

 순종하라

1 하나님의 뜻에 순종하라

"너희 자신을 종으로 드려 누구에게 순종하든지 그 순종함을 받는 자의 종이 되는 줄을 너희가 알지 못하느냐 혹은 죄의 종으로 사망에 이르고 혹은 순종의 종으로 의에 이르느니라."(롬 6:16)

신앙생활은 날마다 하나님의 뜻에 순종하며 살아가는 것입니다. 그러나 그것은 쉽지 않습니다. 우리는 자신을 쉽게 포기하지 않고 오히려 하나님을 나의 종으로 삼으려고 합니다. 나의 뜻에 하나님의 생각을 맞추려고 합니다.

2 하나님이 주신 사명에 순종하라

"이제는 너희 지체를 의에게 종으로 드려 거룩함에 이르라."(롬 6:19)

그리스도인은 하나님의 자녀가 된 순간 하나님께 받은 사명이 있습니다. 하나님이 맡겨 주신 일이 있습니다. 그것을 사명이라고 말합니다. 그것은 각자 다릅니다. 하나님의 나라와 의를 구하는 일에 자신을 바쳐야 합니다. 그것이 하나님이 원하시는 일입니다. 세상과 구별된 거룩한 일을 해야 합니다. 이것을 위해 학생들은 공부를 하고 준비를 합니다.

 # 이야기3 성령충만을 받으라

1 성령을 인도함을 받으라

"만일 너희 속에 하나님의 영이 거하시면 너희가 육신에 있지 아니하고 영에 있나니 누구든지 그리스도의 영이 없으면 그리스도의 사람이 아니

라."(롬 8:9)

"무릇 하나님의 영으로 인도함을 받는 그들은 곧 하나님의 아들이라."
(롬 8:14)

그리스도인이 된 순간 우리에게는 하나님의 영(성령)이 들어오십니다. 그 이후로 성령의 인도하심을 받으며 살아갑니다. 하루아침에 되지는 않지만 점차 성령의 인도하심을 받는 훈련을 통해 하나님의 생각을 따라 살게 됩니다. 그리스도인은 매 순간 하나님의 뜻을 분별하면서 살아가야 합니다.

2 성령의 지배를 충만하게 받으라

"그러므로 어리석은 자가 되지 말고 오직 주의 뜻이 무엇인가 이해하라 술 취하지 말라 이는 방탕한 것이니 오직 성령의 충만을 받으라."(엡 5:18-19)

하나님의 뜻을 이해하고 그 뜻에 순종하는 것은 내 힘으로 안됩니다. 하나님이 도와주셔야만 됩니다. 이것을 위해서 우리가 해야 할 일은 성령이 온전히 나를 지배하도록 자신을 드리는 것입니다.

대화하기

● 모든 문제는 자신에게서 나옵니다. 어떻게 하면 흔들리지 않도록 자신을 계발하며 믿음 안에서 살 수 있을까요?

_____

_____

적용하기

1 나를 바르게 세우기 위한 방안을 말해 보십시오.

_____

_____

2 나를 가장 힘들게 하는 것은 무엇이라고 생각합니까.

_____

_____

03

새로운 관계
-이웃

"네 이웃을 네 자신과 같이 사랑하라." (롬 13:9)

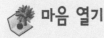# 마음 열기

● 왜 이웃을 사랑해야 하는가?

사람이 세상에서 사랑해야 할 존재가 둘이 있습니다. 하나는 하나님
이고 다른 하나는 사람입니다. 하나님과 이웃은 둘이 아니고 하나입
니다. 하나님을 사랑하는 자는 당연히 이웃을 사랑해야 합니다. 만약
하나님을 사랑하노라 하면서 이웃을 사랑하지 않으면 그는 거짓말
하는 사람입니다. 이웃은 믿음의 형제들과 믿지 않는 사람들로 나눌
수 있습니다. 이들과 어떻게 관계를 가져야 하는지를 알아보도록 하
겠습니다.

성경 이야기

● 로마서 10, 12-13장의 이야기를 정리해 보십시오.

 지체와 교제하라

1 성도와 교제하라

"이와 같이 우리 많은 사람이 그리스도 안에서 한 몸이 되어 서로 지체가
되었느니라."(롬 12:5)

예수를 믿는 순간 우리는 이제 하나님의 영원한 자녀가 되었습니다.
그리고 교회 안에 있는 성도들과 한 형제가 되었습니다. 한 아버지를 섬

기는 하나님의 자녀들은 모두 한 가족입니다. 교회 안에 있는 성도들은 나와 한 몸의 관계입니다. 그러므로 그들과 교제를 가장 먼저 나누어야 합니다. 그들을 통해 우리는 하나님을 아는 믿음이 자라게 됩니다.

2 지도자와 교제하라

"가르침을 받는 자는 말씀을 가르치는 자와 모든 좋은 것을 함께하라."
(갈 6:6)

교회 안에서, 성도의 교제 중에서 중요한 것은 영적 지도자입니다. 영적 지도자는 영적 부모입니다. 나를 양육하고 하나님을 알게 하는 부모와 같은 분으로, 그들을 잘 섬기고 좋은 관계를 유지해야 합니다. 그렇게 할 때 우리의 믿음은 성장하고 깊어집니다.

 이웃을 사랑하라

1 이웃을 내 몸과 같이 사랑하라

"간음하지 말라, 살인하지 말라, 도적질하지 말라, 탐내지 말라 한 것과 그 외에 다른 계명이 있을지라도 네 이웃을 네 자신과 같이 사랑하라 하신 그 말씀 가운데 다 들었느니라 사랑은 이웃에게 악을 행치 아니하나니 그러므로 사랑은 율법의 완성이니라."(롬 13:9)

그리스도인은 교회 안에 있는 믿음의 형제들뿐 아니라 세상에 있는 이웃과도 잘 지내야 합니다. 그들 역시 하나님이 만드신 사람들로서 하나님이 사랑하시는 사람들입니다. 이웃을 사랑하는 것은 신앙의 최종적인 열매입니다. 외적 형식이 아닌 내 몸처럼 사랑하도록 해야 합니다. 하나님을 사랑하는 사람은 이웃을 당연히 사랑해야 합니다.

2 이웃을 섬기면서 사랑하라

"사랑엔 거짓이 없나니 악을 미워하고 선에 속하라 형제를 사랑하여 서로 우애하고 존경하기를 서로 먼저 하며."(롬 12:9)

사랑은 받는 것이 아닌 주는 것입니다. 그리고 일방적인 사랑으로 시작되지만 결국은 서로 사랑하기 위한 것입니다. 서로 존경하고 서로 복종하고 서로 섬기는 사랑이 되도록 노력해야 합니다. 가능한 먼저 사랑하되 그 사랑이 서로 사랑으로까지 나가면 더 좋습니다. 거짓으로 위장하지 않는 진실한 사랑을 하도록 힘써야 할 것입니다.

3 원수까지 사랑하라

"내 사랑하는 자들아 너희가 친히 원수를 갚지 말고 진노하심에 맡기라 기록되었으되 원수 갚는 것이 내게 있으니 내가 갚으리라고 주께서 말씀하시니라 네 원수가 주리거든 먹이고 목마르거든 마시우라 그리함으로 네가 숯불을 그 머리에 쌓아 놓으리라 악에게 지지 말고 선으로 악을 이기라."
(롬 12:19-21)

그리스도인의 이웃 사랑은 원수까지 사랑해야 합니다. 물론 쉽지 않지만 이런 사랑을 하도록 노력해야 합니다. 그것은 우리가 하나님께 받은 사랑이 바로 그런 사랑이기 때문입니다. 우리가 하나님을 원수처

럼 생각할 때 하나님은 우리를 먼저 사랑함으로 사랑을 이루셨습니다. 그렇게 은혜를 받은 그리스도인은 그런 사랑을 이루어 가도록 해야 합니다.

 불신자를 전도하라

1 영혼을 사랑하며 복음을 전하라

"그리스도의 사랑이 우리를 강권하시는도다 우리가 생각건대 한 사람이 모든 사람을 대신하여 죽었은즉 모든 사람이 죽은 것이라."(고후 5:14)

"그런즉 누구든지 그리스도 안에 있으면 새로운 피조물이라 이전 것은 지나갔으니 보라 새 것이 되었도다 모든 것이 하나님께로 났나니 저가 그리스도로 말미암아 우리를 자기와 화목하게 하시고 또 우리에게 화목하게 하는 직책을 주셨으니 이는 하나님께서 그리스도 안에 계시사 세상을 자기와 화목하게 하시며 저희의 죄를 저희에게 돌리지 아니하시고 화목하게 하는 말씀을 우리에게 부탁하셨느니라."(고후 5:17-19)

예수를 믿는 사람은 새로운 사람으로 영원히 사는 복을 얻었습니다. 지금 죽어도 영원히 사는 축복받은 사람입니다. 이미 모든 것을 얻은 성공자입니다. 지금부터 사는 것은 덤으로 사는 것입니다. 그 삶은 자기를 위해서가 아닌 구원받지 못한 영혼을 위해 복음을 전하여 그들도 구원하는 삶입니다. 이보다 더 중요한 일은 세상에 없습니다. 아직 하나님과 원수로 사는 사람들에게 복음을 전하면서 하나님과 화목하게 하는 일을 해야 합니다.

"누구든지 주의 이름을 부르는 자는 구원을 얻으리라 그런즉 저희가 믿지 아니하는 이를 어찌 부르리요 듣지도 못한 이를 어찌 믿으리요 전파하는 자가 없이 어찌 들으리요."(롬 10:13-14)

누구든지 주의 이름을 부르는 사람은 구원을 얻습니다. 그런데 아직 그리스도를 알지 못하는 사람이 있습니다. 우리는 그들에게 나가서 복음을 전해야 합니다. 그것을 위해서는 많은 수고가 필요합니다. 영혼 구원은 생명을 살리는 일로 어떤 때는 죽음을 각오해야 하는 일입니다. 그럼에도 이런 수고를 하는 것은 가장 성공적인 삶입니다.

 대화하기

● 나는 이웃을 바라보면서 어떤 생각을 합니까? 내 인생의 의미와 이웃은 어떤 관계가 있는지 말해 보십시오.

_____

_____

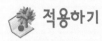 적용하기

1 내 이웃은 누구입니까? 친밀하게 관계를 갖고 있는 사람의 이름을 적
  어 보세요.

_____

_____

2 현재 이웃을 통해 얻는 유익은 무엇입니까? 앞으로 나는 이웃과 어떻
  게 관계를 맺으며 살아갈 계획입니까?

_____

_____

04

새로운 관계
-세상과 자연

"여호와 하나님이 그 사람을 이끌어 에덴동산에 두사
그것을 다스리며 지키게 하시고" (창 2:15)

 **마음 열기**

하나님은 인간을 위해 이 세상을 만들었습니다. 하나님의 형상을 닮은 인간이 살아갈 수 있는 자연 환경을 만들어 주셨습니다. 그러나 인간이 타락할 때 자연도 함께 타락함으로써 세상과 자연은 본래의 목적을 다하지 못했습니다. 그리스도인에게는 파괴된 세상과 자연의 관계를 본래대로 되돌리는 사명이 있습니다. 점점 인간은 자연으로 인해 고난을 당하고 있습니다. 자연의 재앙은 인간에게 많은 피해를 줍니다. 어떻게 하면 이것을 해결할 수 있겠습니까?

 성경 이야기

● 로마서 1, 12장, 창세기 1-2장 이야기를 정리해 보십시오.

 정복하라

1 세상의 악을 정복하라

"아무에게도 악으로 악을 갚지 말고 모든 사람 앞에서 선한 일을 도모하라 할 수 있거든 너희로서는 모든 사람으로 더불어 평화하라."(롬 12:18-19)

하나님을 거역한 세상의 모습은 타락한 곳입니다. 그래서 세상에는 악이 판을 치고 있습니다. 그리스도인은 세상에서 소금과 빛의 사명을 감당해야 합니다. 비록 악이 번성한다 해도 결국은 선이 승리합니다. 당장은 선한 사람이 고통을 당하는 곳이 세상입니다. 그것은 세상이 악하기 때문입니다. 악을 정복하기 위해서는 선으로 악을 이겨야 합니다. 악은 악을 낳지만 선은 언제나 선을 낳습니다.

2 자연에 정복당하지 말라

"하나님을 알되 하나님으로 영화롭게도 아니하며 감사치도 아니하고 오히려 그 생각이 허망하여지며 미련한 마음이 어두워졌나니 스스로 지혜 있다 하나 우준하게 되어 썩어지지 아니하는 하나님의 영광을 썩어질 사람과 금수와 버러지 형상의 우상으로 바꾸었느니라."(롬 1:21-23)

하나님이 만드신 자연은 하나님을 영화롭게 하기 위해 창조되었습니다. 그런데 타락 이후의 자연은 하나님을 대신하는 우상적 존재가 되었습니다. 자연을 신으로 섬기는 일이 주위에 많습니다. 자연이 곧 신이라고 말하는 이들조차 있습니다. 그리스도인은 자연을 정복하여 그것을 원래대로 회복해야 합니다. 인간은 자연에, 물질에 정복당해선 안됩니다.

 다스리라

1 세상을 하나님의 뜻으로 다스리라

"하나님이 그들에게 복을 주시며 그들에게 이르시되 생육하고 번성하여 땅에 충만하라, 땅을 정복하라, 바다의 고기와 공중의 새와 땅에 움직이는

모든 생물을 다스리라 하시니라."(창 1:29)

세상을 다스리고 정복하는 것은 하나님이 인간에게 주신 사명입니다. 하나님을 대리하여 세상을 잘 관리하고 다스려야 합니다. 인간의 생각이 아닌 하나님의 뜻대로 자연이 생성되도록 해야 합니다. 이렇게 보면 인간은 대단한 존재입니다. 이것을 잊어버리면 인간은 한순간에 교만하게 됩니다.

2 자연과 동물을 다스리라

"여호와 하나님이 흙으로 각종 들짐승과 공중의 각종 새를 지으시고 아담이 어떻게 이름을 짓나 보시려고 그것들을 그에게로 이끌어 이르시니 아담이 각 생물을 일컫는 바가 곧 그 이름이라."(창 2:19)

생물과 동물과 세상의 모든 자연은 인간이 하나님을 대신하여 다스려야 하는 것들입니다. 그러나 인간이 그 사명을 감당하지 못함으로써 오히려 동물과 자연이 인간을 다스리고 있습니다. 동물이 인간보다 우위일 수 없고 자연이 인간을 다스릴 수 없습니다. 그것은 창조질서에 어긋나는 일입니다. 동물은 인간이 이름을 지어 줌으로써 인간의 지배 하에 살게 창조되었습니다. 자연과 동물은 철저히 인간의 다스림을 받아야 합니다. 인간의 친구가 되거나 우위에 서면 안됩니다.

 관리하고 지키라

1 세상과 자연을 하나님의 뜻에 따라 관리하라

"여호와 하나님이 그 사람을 이끌어 에덴동산에 두사 그것을 다스리며 지키게 하시고."(창 2:15)

하나님이 만드신 세상과 자연은 하나님의 뜻에 따라 잘 관리되어야 합니다. 인간은 하나님이 만드신 세상을 잘 관리하라는 임무를 부여받은 청지기입니다. 충성을 다하며 최선을 다해야 합니다. 인간이 욕심을 부려 자기 위치를 망각해서는 안됩니다.

2 세상을 지배하고 있는 사단의 세력으로부터 지키라

"우리의 씨름은 혈과 육에 대한 것이 아니요 정사와 권세와 이 어두움의 세상 주관자들과 하늘에 있는 악의 영들에게 대함이라 그러므로 하나님의 전신갑주를 취하라 이는 악한 날에 너희가 능히 대적하고 모든 일을 행한 후에 서기 위함이라."(엡 6:13-14)

세상은 타락한 순간부터 사단이 지배하고 있습니다. 새롭게 구원받은 그리스도인은 이제 성령이 함께하시므로 그 힘을 의지하여 세상을 사단의 세력으로부터 구원하고 지켜 나가야 합니다. 그리스도인은 진리로 철저히 무장하여 거짓된 사단의 속임수에 넘어가지 말고 아름다운 하나님의 세상을 잘 관리하고 지켜야 합니다.

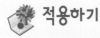 대화하기

● 세상 속에서 인간의 위치는 어디라고 생각합니까? 인간은 세상을 어떤 관점으로 바라봐야 하는지 말해 보십시오.

_____

_____

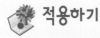 적용하기

1 악한 세상을 이기기 위한 나의 지혜를 말해 보십시오.

_____

_____

2 동물이나 자연이 인간을 지배하는 잘못된 상황을 해결하기 위해 내가 실천해야 할 일은 무엇입니까?

_____

_____

틴~꿈 새가족 양육반을 마치고 나서

이름:

나의 느낌은?

_____

_____

_____

_____

_____

_____

_____

_____

_____

_____

_____

_____

_____

_____

_____

_____

(새가족 양육반을 마친 후의 소감을 서로 나누도록 합니다.)

저자 이대희 목사

장로회 신학대학교 신학대학원(M.Div)과 연세대학교 연합신학대학원(Th.M)을 졸업하고 현재 에스라성경대학원대학교 성경학박사(D.Liit) 과정 중이다.
예장총회교육자원부 연구원과 서울장신대학교 신학과 교수를 역임하고 서울 극동방송에서 "알기 쉬운 성경공부" "기독교 이해" 등의 프로그램을 진행했다. 지난 20여 년 동안 성서사람 · 성서한국 · 성서교회 · 성서나라의 모토를 가지고 한국적 성경교육과 실천사역을 위해 집필과 세미나와 강의사역을 하고 있다. 현재 바이블미션(www.bible91.org) 대표, 꿈을주는교회 담임목사, 독수리기독중고등학교 성경교사, 강남성서신학원 외래교수, 서울장신대 겸임교수로 사역 중이다.
저서로《30분 성경공부시리즈》《투데이 성경공부시리즈》《아름다운 십대 성경공부시리즈》《이야기대화식성경연구》《성경통독을 위한 11가지 리딩포인트》《심방설교 이렇게 준비하라》《예수님은 어떻게 교육했을까?》《1% 가능성을 성공으로 바꾼 사람들》《자녀를 거인으로 우뚝 세우는 침상기도》《하룻밤에 배우는 쉬운 기도》《하나님 이것이 궁금해요》《크리스천이 꼭 알아야 할 100문 100답》등 100여 권이 있다.

새로운 출생, 새로운 삶

틴~꿈 십대성경공부 | 새가족 양육교재

초판1쇄 발행일 | 2009년 12월 30일

지은이 | 이대희
펴낸이 | 박종태
펴낸곳 | 엔크리스토
마케팅 | 정문구, 강한덕
관리부 | 이태경, 신주철, 임우섭, 맹정애, 이수진

출판등록 | 2004년 12월 8일(제2004-116호)
주   소 | 경기도 고양시 일산동구 장항동 568-17
전   화 | (031) 907-0696
팩   스 | (031) 905-3927
이메일 | visionbooks@hanmail.net
공급처 | 비전북 전화 (031) 907-3927 팩스 (031) 905-3927

ISBN 978-89-92027-76-2 04230

값 3,000원

● 잘못된 책은 바꾸어 드립니다.
● 이 교재의 사용 방법, 내용, 훈련, 세미나에 대한 문의는 바이블미션(02-403-0196, 010-2731-9078)으로 해주시면 최선을 다해 도와드리겠습니다.

엔크리스토 성경공부 양육 교재

투데이 성경공부

평생 성경공부할 수 있도록 구성한 시리즈. 주제별로 구성되어 있어 각 교회의 상황에 맞게 커리큘럼을 재구성하여 사용할 수 있다.

101 신앙기초(전 9권 완간) | 201 예수제자(전 9권 완간) | 301 새생활(전 12권 완간)
601 성경개관(전 10권 완간) | 401 · 501 발간 예정

30분 성경공부

신앙생활의 기초를 다루었으며 신앙의 전체 그림을 그릴 수 있는 2년 과정의 소그룹 성경교재다. 성경공부를 시작할 때 사용하면 효과적이다.

믿음편 | 기초 · 성숙   생활편 | 개인 · 영성 · 교회 · 가정 · 이웃 · 일터 · 사회 · 세계
성경탐구편 | 창조시대 · 족장시대 · 출애굽시대 · 광야시대 · 정복시대/사사시대 · 통일왕국시대 ·
분열왕국시대 · 포로시대/포로귀환시대 · 복음서시대1 · 복음서시대2 · 초대교회시대 · 서신서시대

아름다운 십대 성경공부

십대들이 꼭 알아야 할 성경의 핵심내용과 기독교적 가치관, 세계관을 정립하는 데 필요한 핵심주제를 담고 있으며, 3년 과정으로 구성되었다.

101 자기정체성 · 복음 만남 · 신앙생활 · 멋진 사춘기 · 예수의 사람(전 5권)
201 가치관 · 믿음뼈대 · 십대생활 · 유혹탈출 · 하나님의 사랑(전 5권)
301 비전과 진로 · 신앙원리 · 생활열매 · 인생수업 · 성령의 사람(전 5권)

틴꿈 십대성경공부

성경 전체의 내용을 핵심적으로 구성되었으며, 성경 파노라마를 통해 십대들이 알아야 할 성경의 맥과 개관을 다루고 구약책과 신약책 중에서 십대에 맞는 책을 선택하여 집중적으로 유형별로 균형 있게 공부할 수 있다.

1년차 성경개관 | 성경파노라마 1, 2, 3, 4, 5(전5권)
2년차 구약책 | 창세기 · 에스더 · 다니엘 · 잠언 · 전도서(전5권)
3년차 신약책 | 누가복음 · 로마서 · 사도행전 · 빌립보서 · 요한계시록(전5권)
• 틴~ 꿈 새가족 양육교재